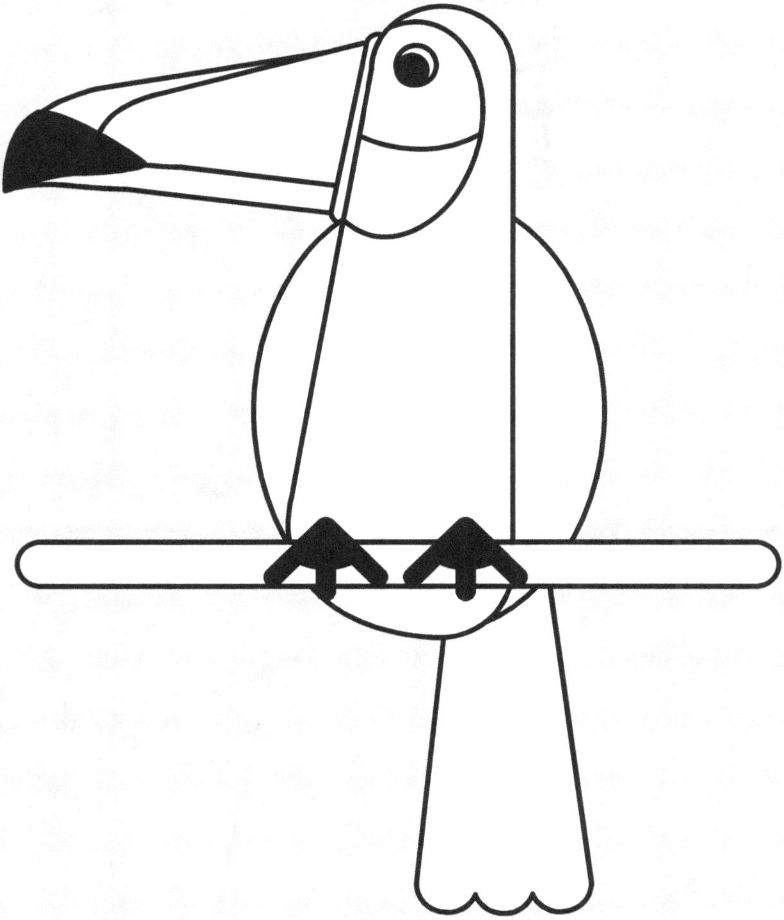

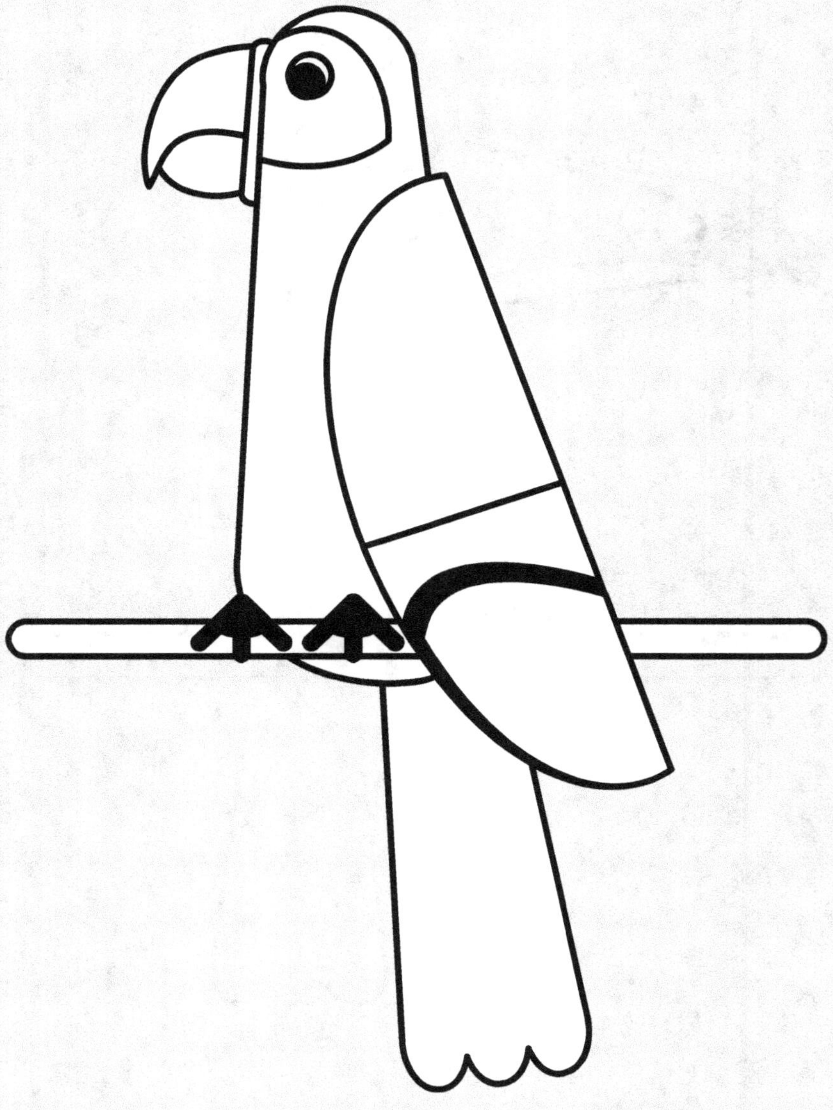

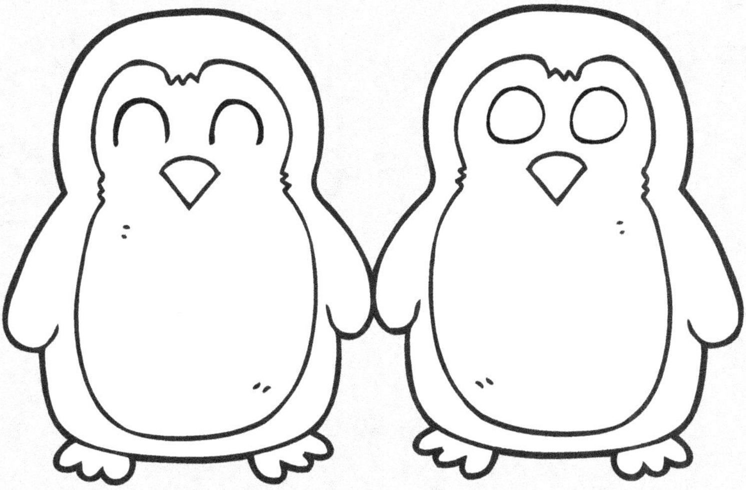

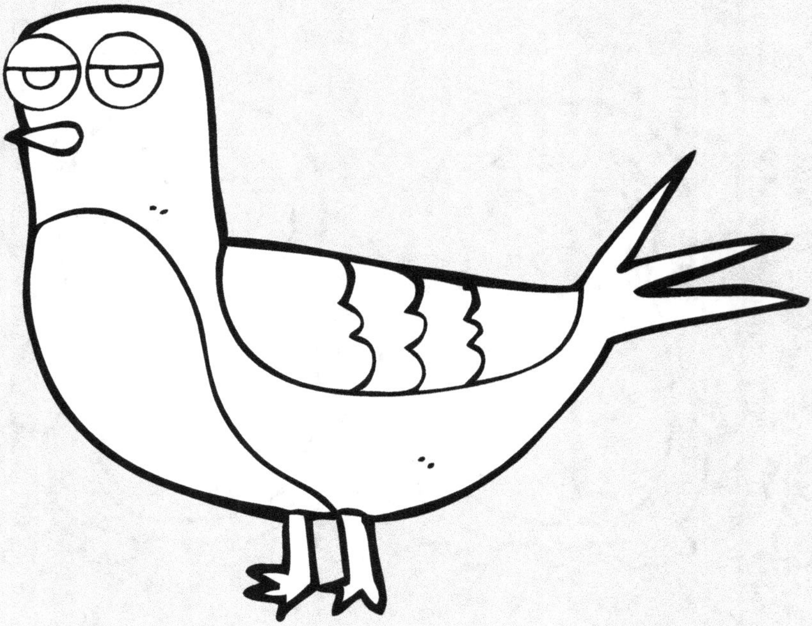

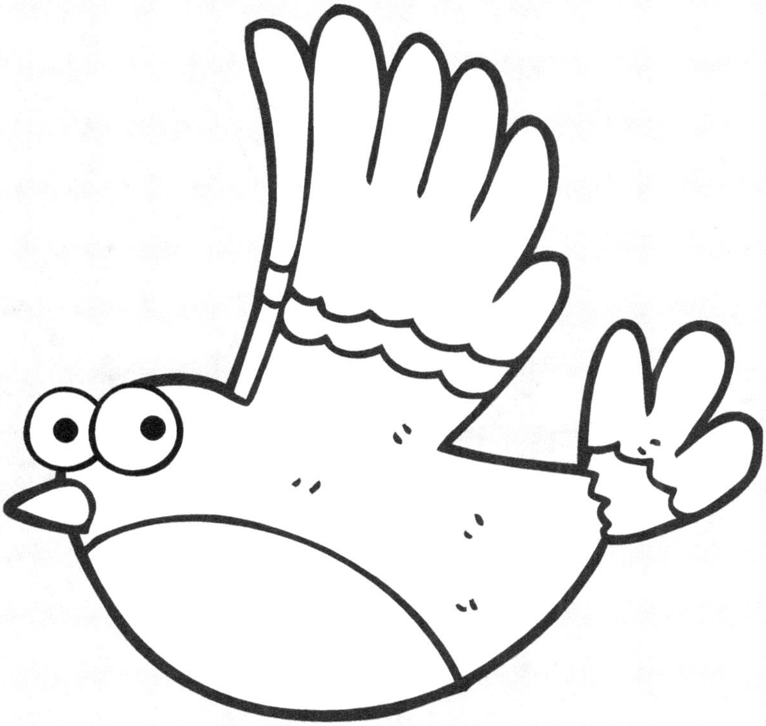

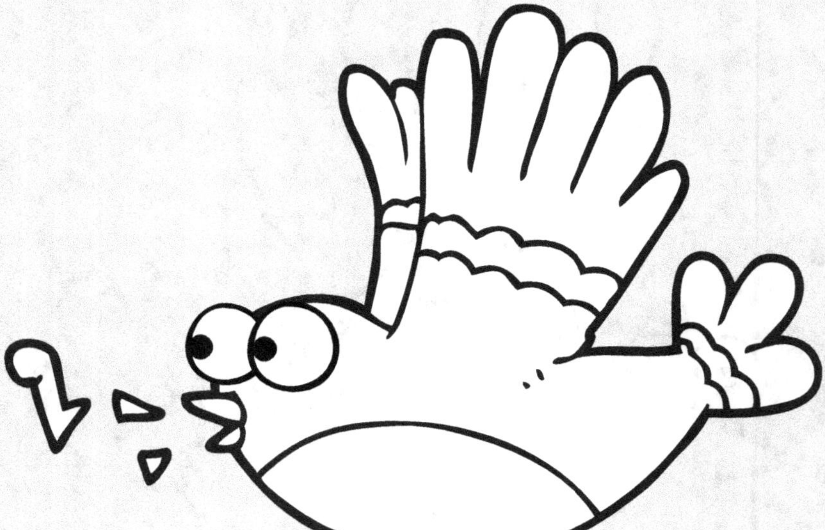

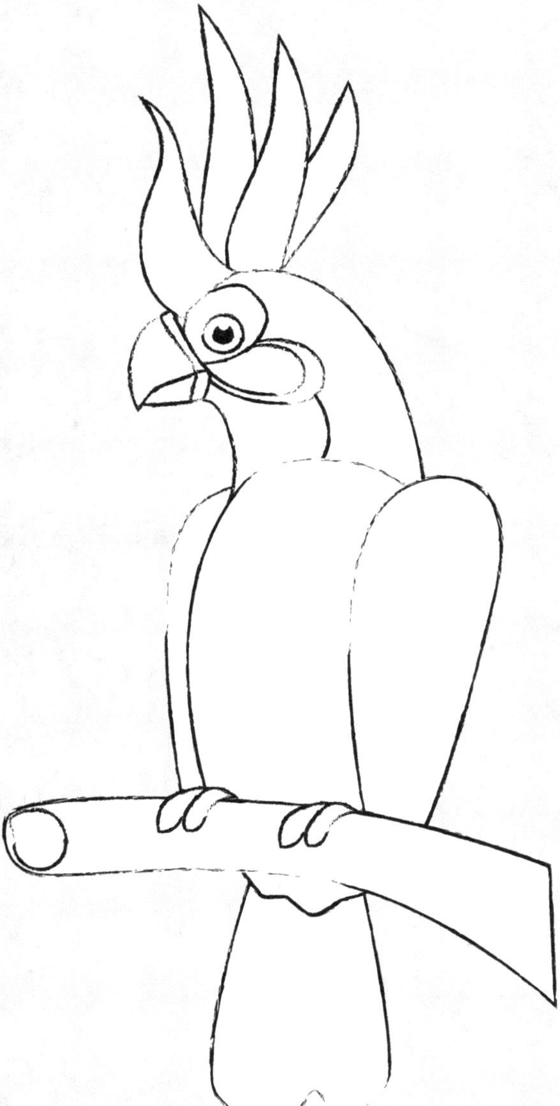

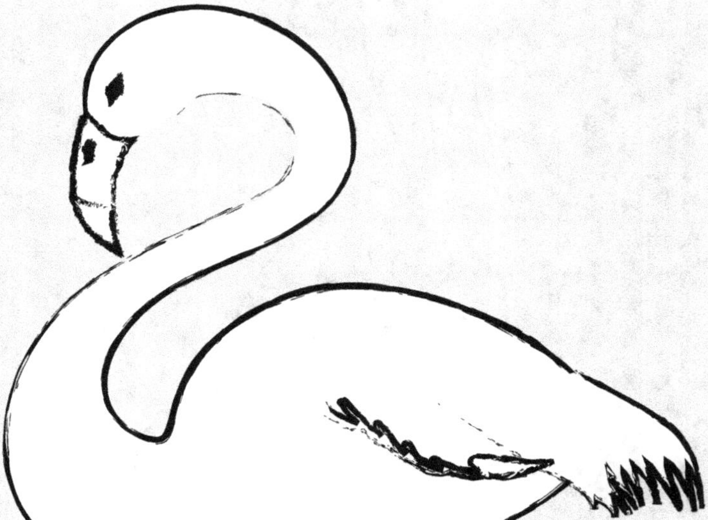

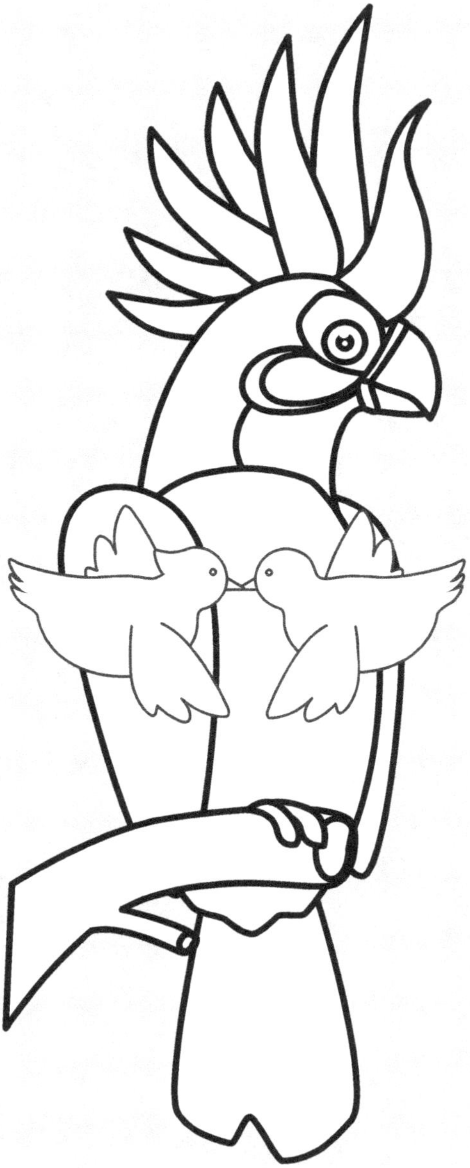

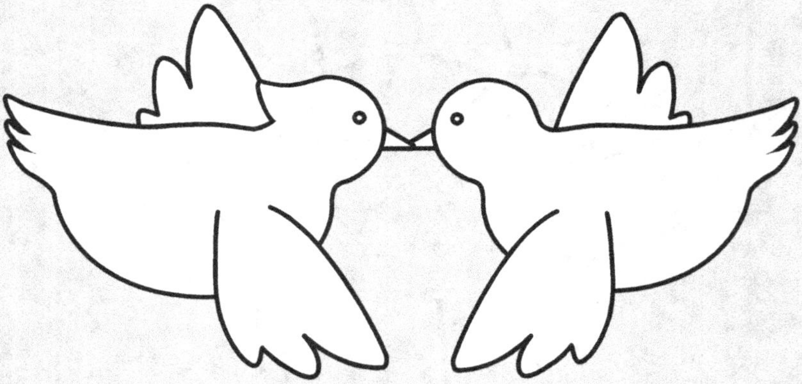

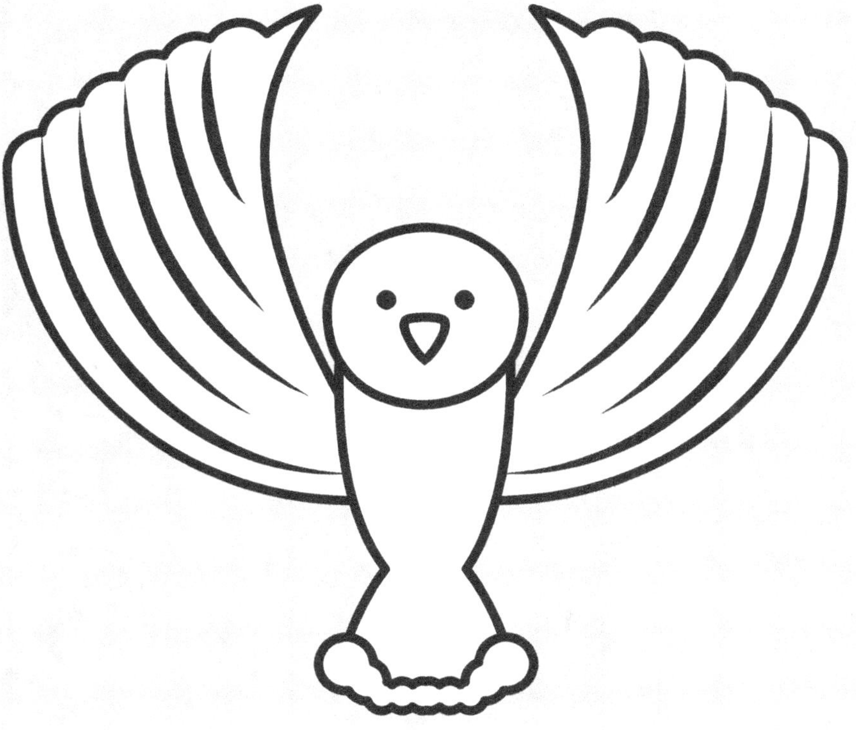

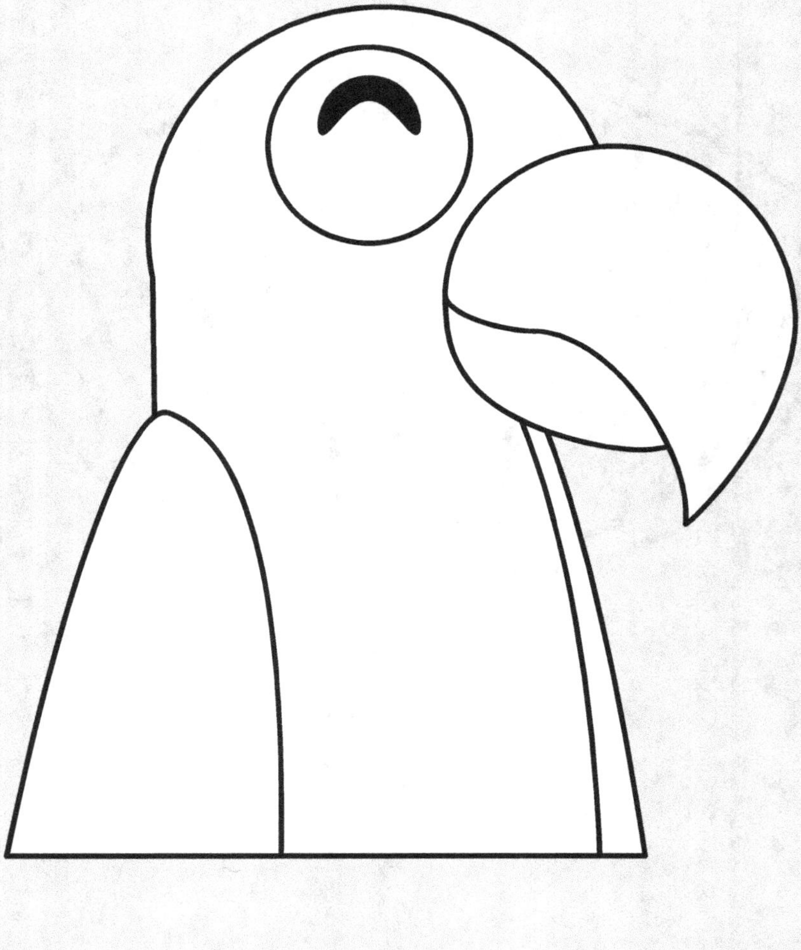

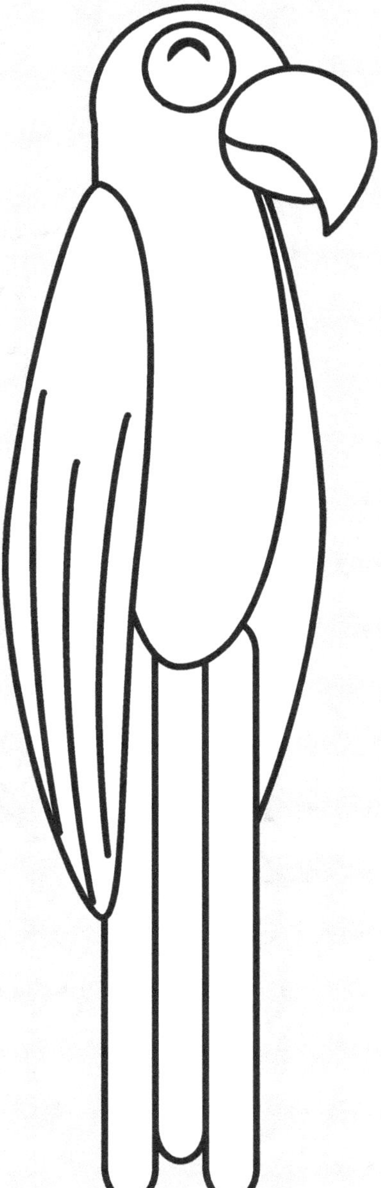

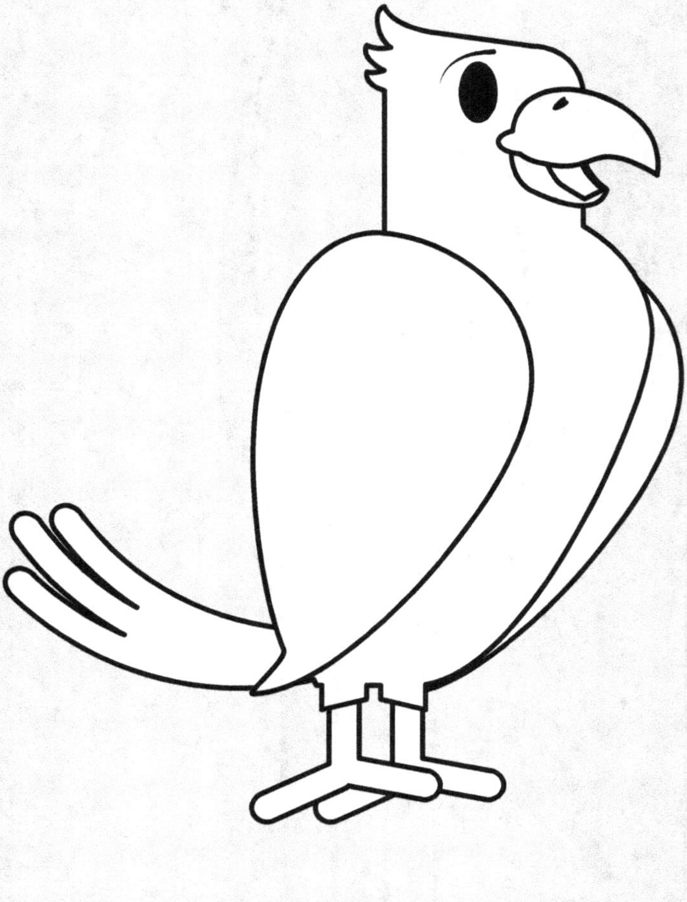

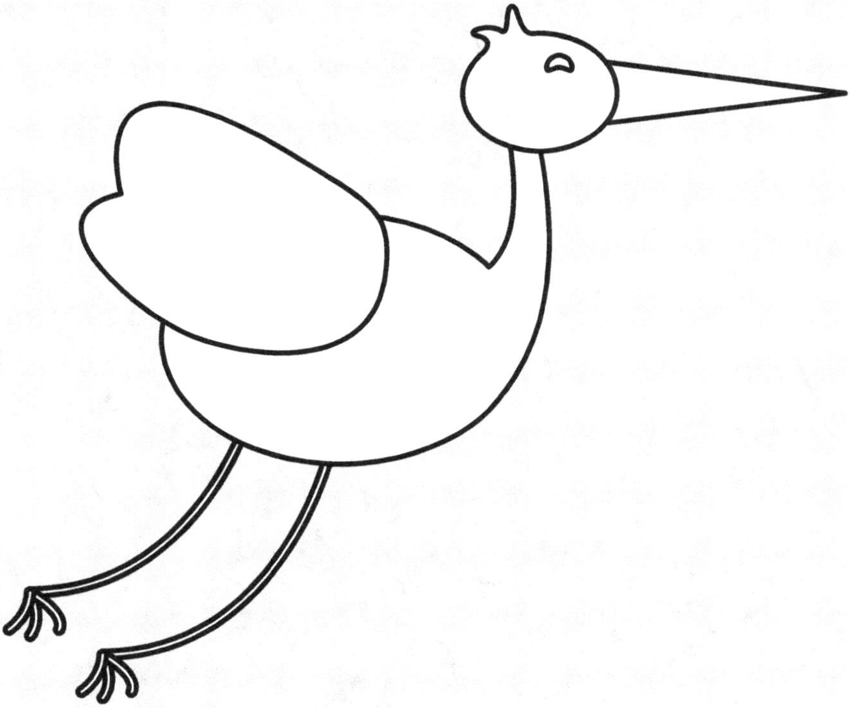

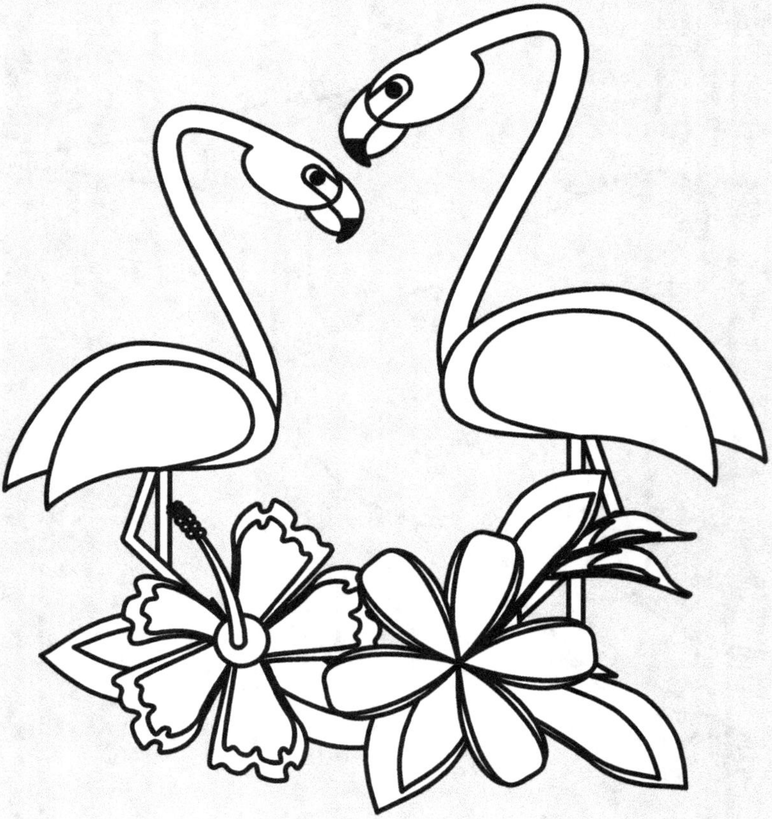

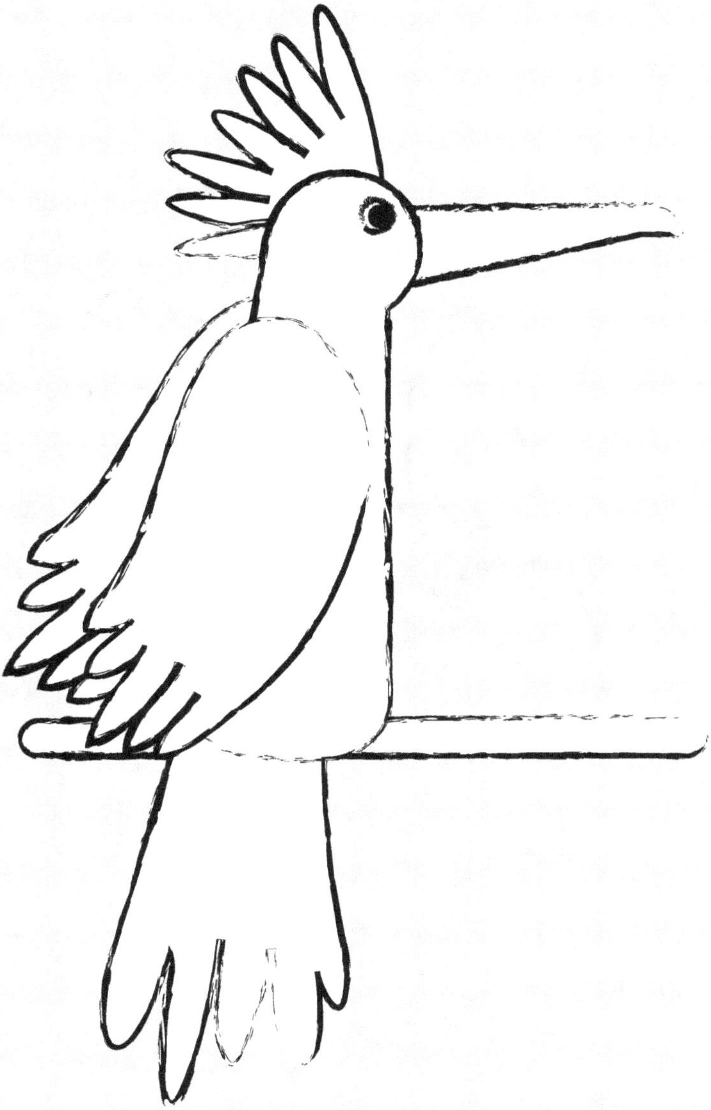

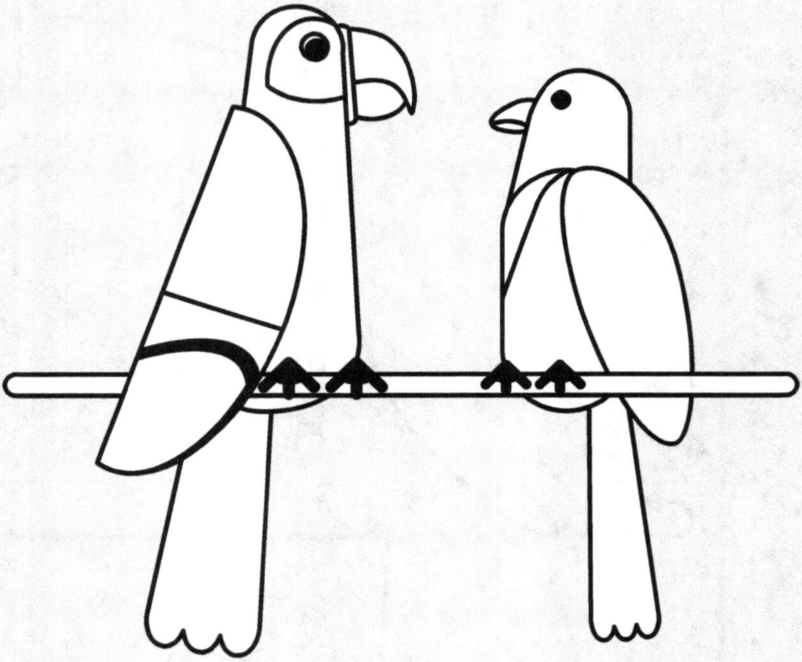

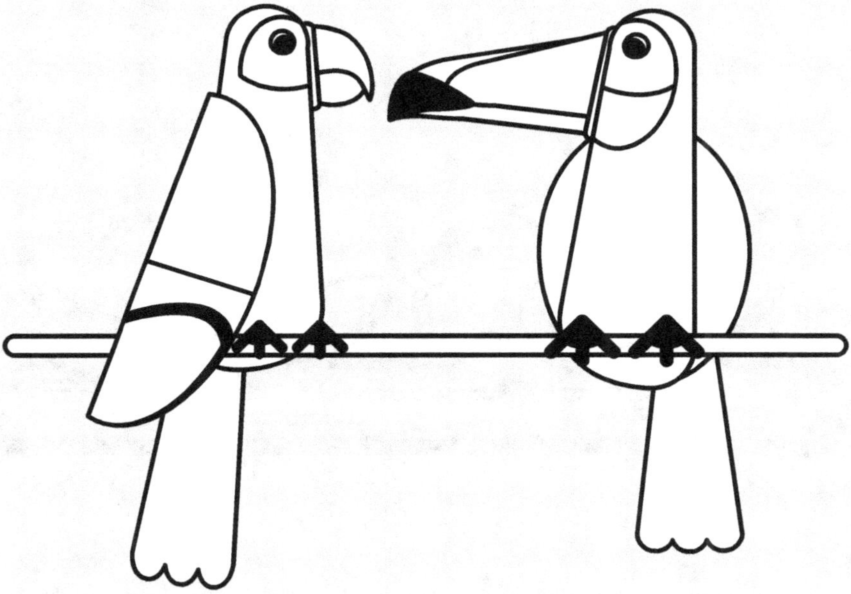

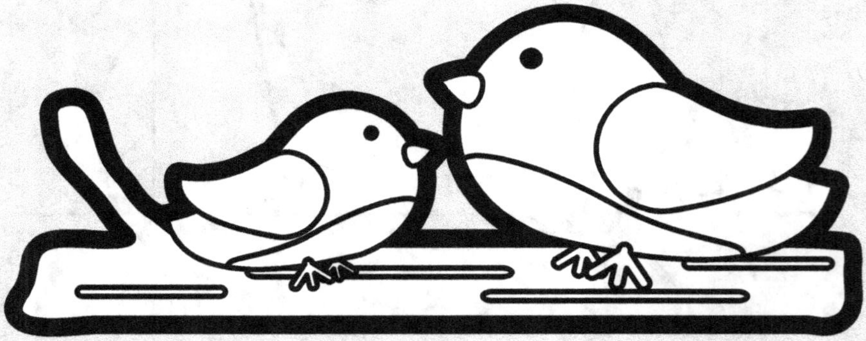

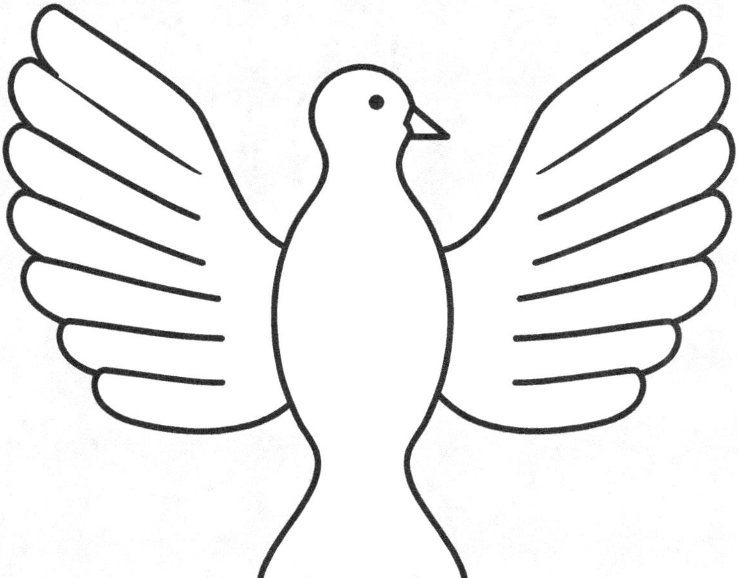

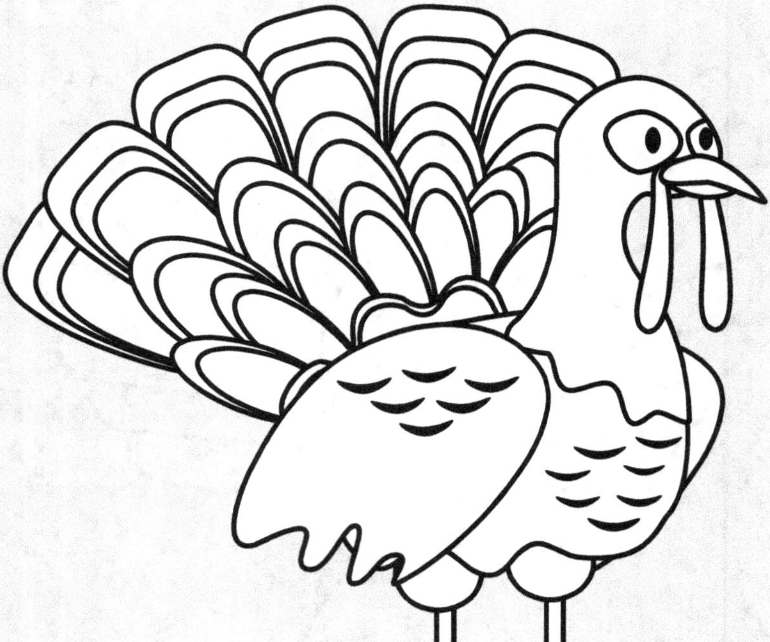

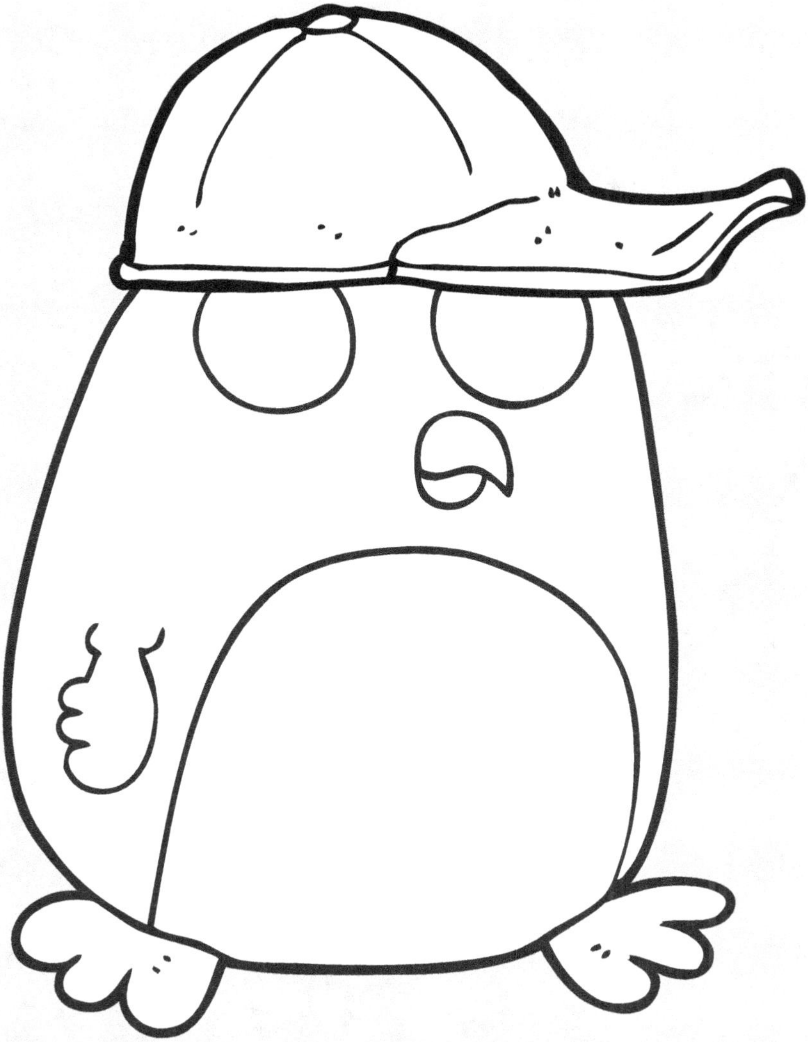

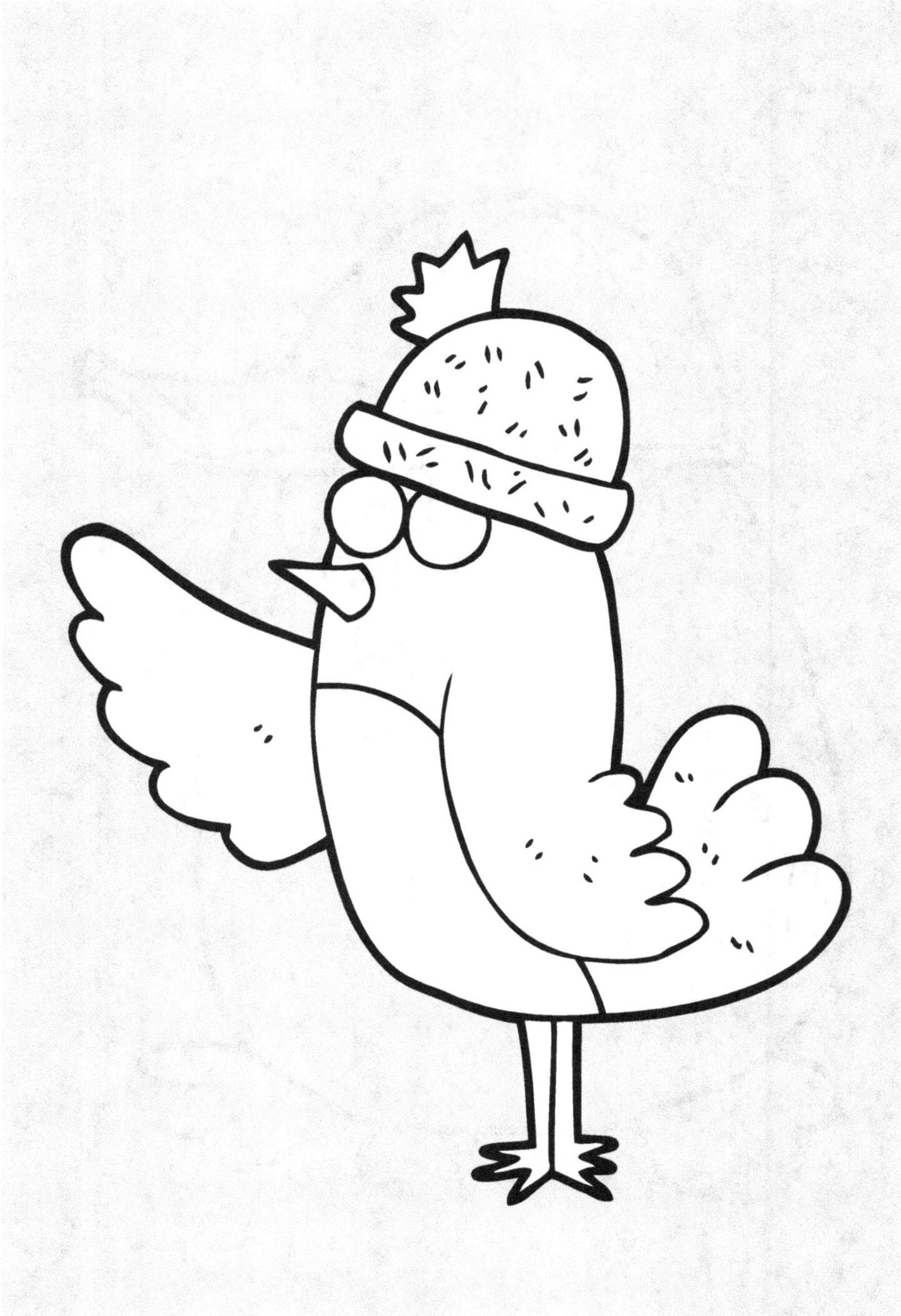

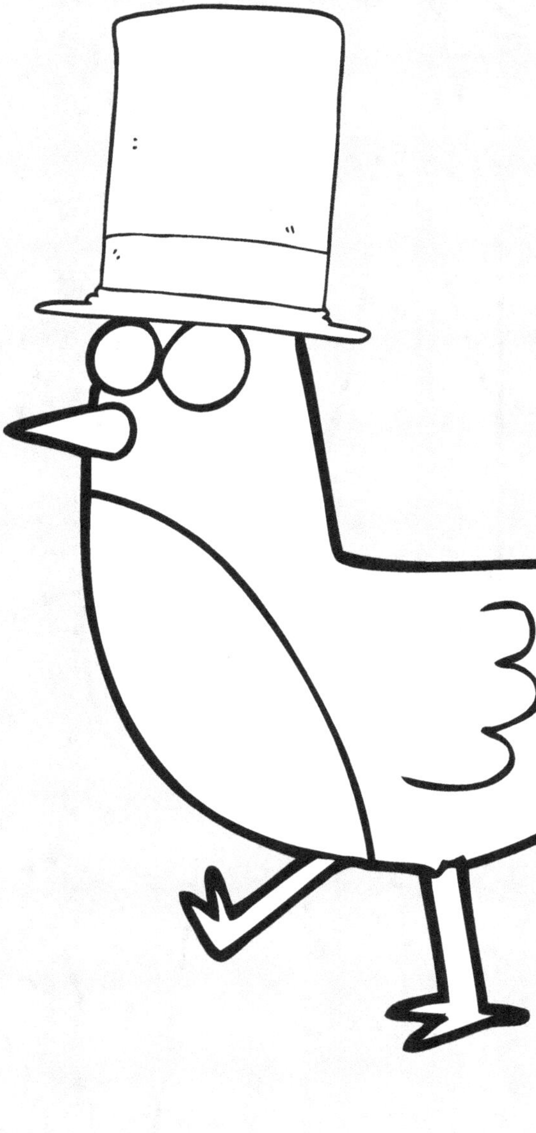

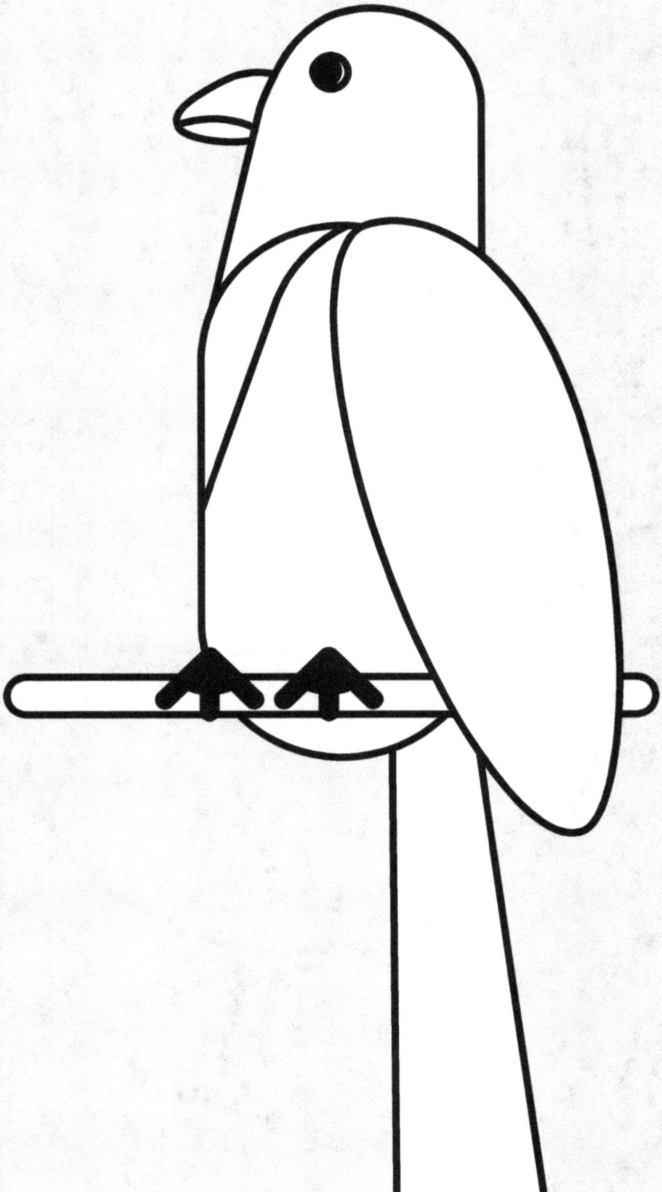

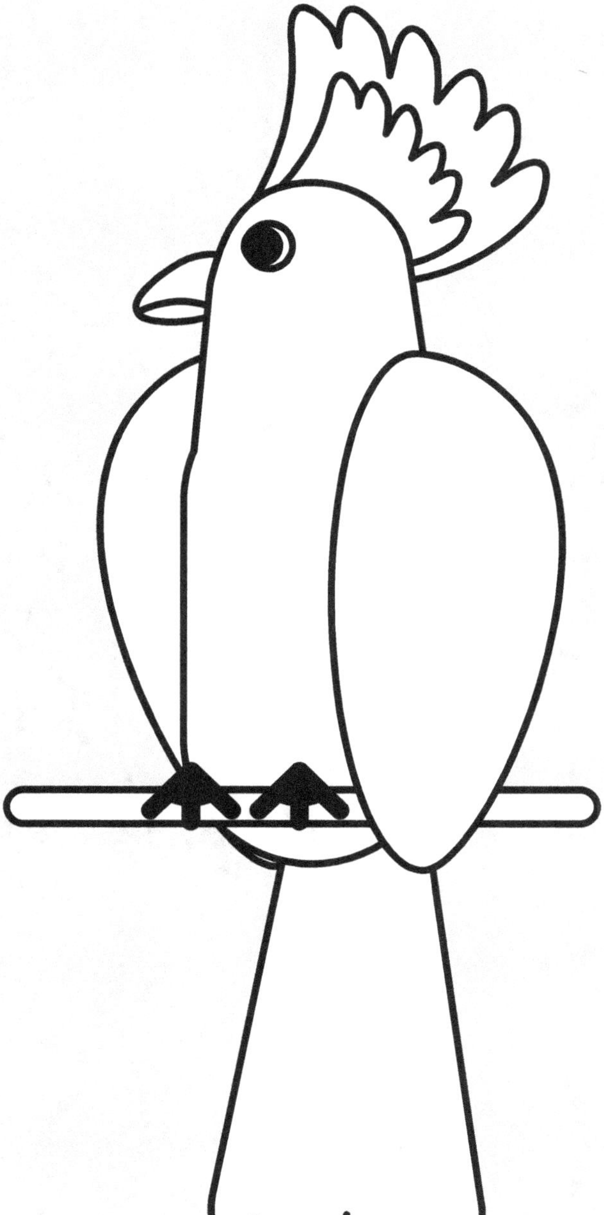

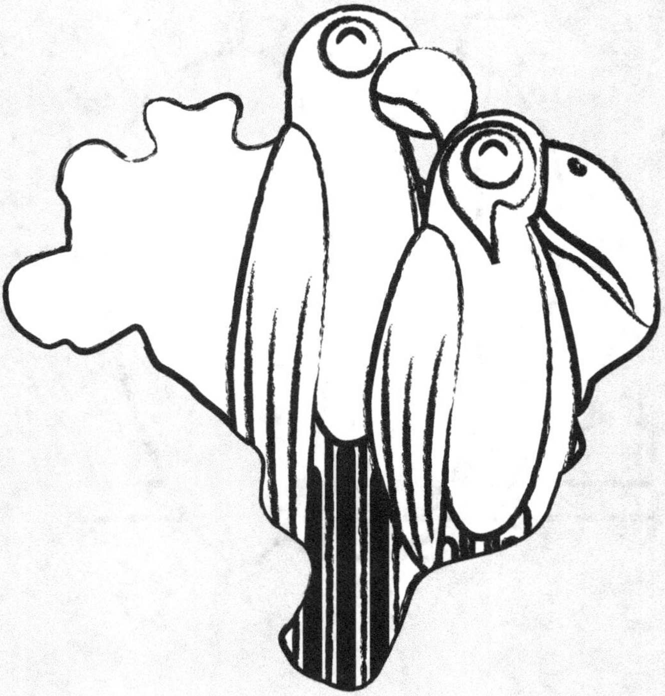

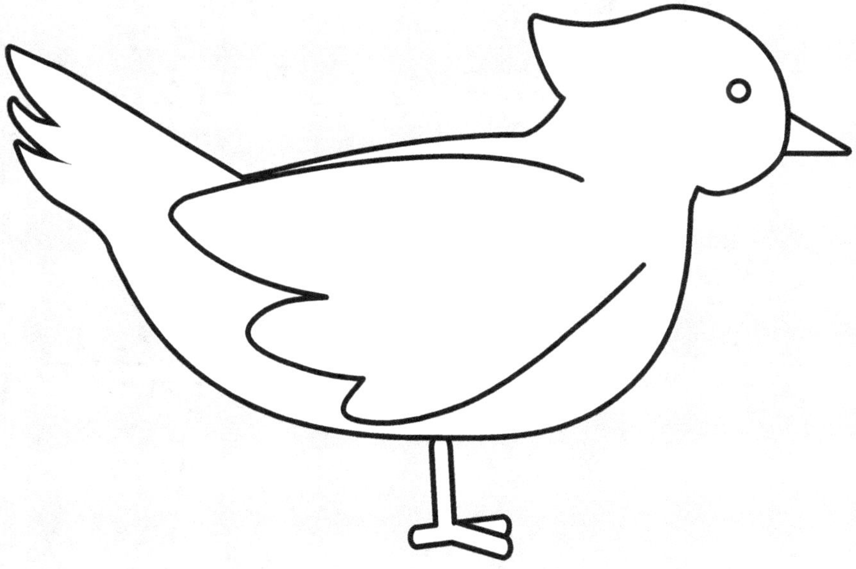

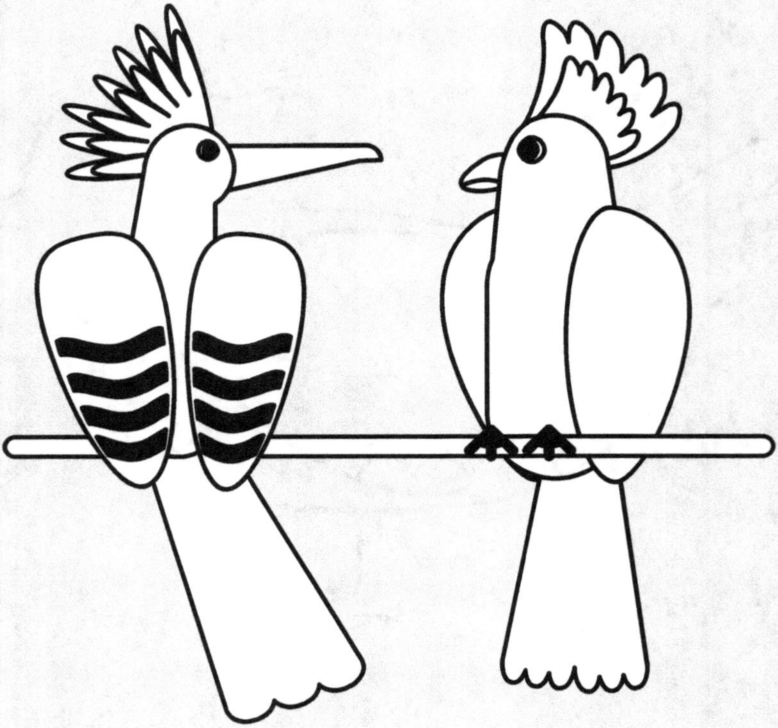

www.ingramcontent.com/pod-product-compliance
Lightning Source LLC
Chambersburg PA
CBHW030045230526
45472CB00005B/1685
* 9 7 9 8 4 1 8 3 4 0 0 3 0 *